Life is suffering

오늘을 견뎌내는
쇼펜하우어의 영어 문장

Life is suffering
삶은 고통스러운 것이다

혼란스런 현재를 향한
촌철살인의 글

쇼펜하우어는 염세주의, 비관주의자로 알려져있습니다. 하지만 그가 남긴 글과 생각을 더 들여다보면 인생에 대한 부정 보다는 당당하게 흔들리지 말고 살라는 메시지가 그 중심에 있는 걸 알게 됩니다. 가혹하게 들리는 표현이지만 스스로 단단해져야 한다고 말하는 것이죠. 그것이 뭐가 옳은지 알기 힘든 지금을 사는 우리에게 그가 큰 울림을 주는 이유일 겁니다.

쇼펜하우어의 명문을
영어로 보는 책

그의 주옥 같은 말과 글을 영어로 본다면 일석이조가 아닐까하는 아이디어에서 이 책은 시작되었습니다. 편집부가 모여서 그의 말과 글을보며 독자에게 울림을 줄 수 있는 묵직한 것들만 뽑았고, 그 중에서도 영어로 봐도 손색이 없는 것들만 다시 선별해서 실었습니다. 그의 의도를 해치지 않게 가능한 한 쉽고 간결하게 만들었습니다. 이제 가치를 따질 수 없는 쇼펜하우어의 생각을 영어로 느껴보시기 바랍니다.

이 책을

제대로 활용하는 법

이 책은 밀도있는 짧고 빠른 호흡의 글들로 구성되어 있습니다. 그 만큼 제대로 이해해야 그 정수를 느낄 수 있습니다. 이 책은 쇼펜하우어가 남긴 명문과 번역 그리고 QR코드로 구성되어 있습니다. QR코드를 찍으면 영문 원어민 오디오와 한글 해설 강의가 재생됩니다. 한 문장 한 문장 제대로 이해하고 넘어가시기 바랍니다. 하루 한 문장씩 필사하고 낭독을 하셔도 매우 좋습니다. 아무쪼록 이 책이 독자님의 인생에 작은 도움이 되길 바랍니다.

차례

쇼펜하우어의 철학은 분야를 막론하고 영향을 주었습니다. 철학, 과학, 예술, 문학 등 셀 수 없이 많은 분야에서 그에게 영향을 받은 사람을 찾을 수 있습니다. 요즘 말로 '팩트폭력'으로도 볼 수 있는 그의 생각에 전 세계는 찬사를 아끼지 않았습니다. 이 책은 그의 철학을 담은 말과 글을 다섯 카테고리로 분류했습니다.

쇼펜하우어는 인간의 한계와 그에 따르는 번뇌를 철학적으로 깊게 다루었습니다. 사람의 본질은 변하지 않는다고 했지만 인간다움을 잃으면 동물과 다를바가 없다는 말을 하며 인간다움에 대해 질문을 던졌습니다.

쇼펜하우어는 인생이 고통과 권태를 왔다갔다하는 시계추같다고 얘기하고 있습니다. 행복은 그 과정에서 선물로 주어지는 찰나의 감정이지요. 근거없는 희망을 가지기 보단 어떤 상황에도 평정심을 유지하고 담담히 받아드리라고 하고 있습니다.

행복해지기 위해 보통 행복을 적극적으로 추구하라고 하지만 그는 덜 불행해지기를 바라라고 우리에 조언합니다. 더 행복하길 바라기 보다 우리를 불행하게 만드는 요소를 제거함으로써 행복해 질 수 있 다고 말합니다.

그는 스스로 의지를 가지고 단단해지라고 합니다. 주위의 반응에 흔 들리지 않고 자신이 추구하는 바를 당당히 말하고 행동하라고 조언 하며 세속, 물질적인 행복 보다 정신, 인격적인 자신을 추구하는 것 이 인생에서 중요하다고 조언합니다.

그에 따르면 죽음은 누구에게나 찾아오며 가장 공평한 것입니다. 사 람은 누구나 평생 시간에 쫓겨서 살다가 내 차례가 다가오면 죽음을 받아들입니다. 그 누구도 이를 피할 수 없습니다.

1

사람에 대해

Human Being

인간은 자신이 무엇을 하고 싶은 건지 그리고 무엇을 할 수 있는지를 알아야 한다.

Humans need to know what they want to do and what they can do.

사람은 일어날 것 같지 않은 재난을 떠올리며 미리 불안해하지 말아야 한다.

One should not worry in advance about potential disasters that may never happen.

나무가 튼튼하게 크려면 바람이 있어야 하듯, 인간도 건강하려면 운동을 해야 한다.

Just as trees need wind to grow strong, humans need exercise to stay healthy.

안타깝게도 사람들은 운명, 혹은 우리가 가지고 있는 것이나
다른 사람들에게 보여지는 것만을 생각한다.

Unfortunately, we only think about our destiny, or what we have, or what others see.

운명은 바뀔 수도 있다. 하지만 우리의 본질은 절대 변하지 않는다.

Our destiny may change, but our essence never does.

It's not
the objective,
real appearance of
things that makes us
happy or unhappy
but our thoughts
about them.

우리의 행복과 불행을 좌우하는 것은
사물의 객관적인 실제 모습이 아니라
그에 대한 우리의 생각이다.

우리는 원체 본성이 너무나도 약해서 다른 사람들이
우리 존재를 어떻게 생각하는지에 대해 너무 많이 신경 쓰는 경향이 있다.

We tend to care
too much about
what others think of
our existence
because our elemental
nature is so weak.

인간이 가진 보편적인 어리석음을 없애기 위한 유일한 방법은
그 어리석음을 그 자체로 명확하게 인식하는 것이다.

The only means to eliminate common human foolishness is to clearly recognize it for what it is.

There is very little
we can do alone.
We are like Robinson
on a desert island;
we can only do so much
in community with others.

인간은 혼자서 할 수 있는 일이 거의 없고
마치 무인도에 버려진 로빈슨과 같아서,
다른 사람들과 함께 하는 공동체 안에서만 많은 일을 할 수 있다.

사람들이 흔히 운명이라고 부르는 것은
그저 대부분 그들 자신의 어리석은 행동을 말하는 것일 뿐이다.

What people commonly refer to as fate is mostly just their own foolish behavior.

대부분의 사람들은 매우 주관적이어서
기본적으로 자기 자신 외에는 그 어느 것에도 관심이 없다.

Most people are very subjective and basically don't care about anything but themselves.

인간은 너그럽게 대해 주면 버릇이 없어지는 모습이 어린아이와 같다.

Humans are like children in that they are spoiled when they are treated generously.

용서하고 잊는다는 것은 자신이 겪은 귀중한 경험을 창밖으로 내던져 버리는 것이다.

To forgive
and forget is to
throw your valuable
experience
out the window.

당신이 하는 일과 하지 않는 일에 대해 다른 사람을 그 행동의 모범으로 삼아서는 안 된다.

Regarding things you do or don't, one should not take other people as models for their actions.

자신의 판단을 믿게 하려면, 흥분하지 말고 냉정하게 그리고 단호하게 말해야 한다.

If you're trying to get someone to trust your judgment, you need to speak calmly and firmly without getting excited.

사람의 나쁜 특성을 잊는 것은 힘들게 번 돈을 버리는 것과 같다.

Forgetting a person's bad qualities is like throwing away your hard-earned money.

A man who ascends
to the sky in a balloon
does not see
himself rising
but sees the earth
falling lower and
lower.

기구를 타고 하늘로 올라가는 사람은
자신이 떠오르는 것을 보는 것이 아니라
땅이 점점 아래로 내려가는 것을 본다.

그렇게 많은 책을 읽었음에도 불구하고, 그들의 생각은 변함이 없다는 것이 믿기지 않는다.

I can't believe that despite reading so many books, their thoughts remain the same.

한 가지라도 배울 점이 있는 친구를 사귀려고 노력해야 한다.

You should try to make friends from whom you can learn at least one thing.

잘못된 독서는 나쁜 친구와 어울리는 것보다 더 나쁘다.

Bad reading is worse than hanging out with bad friends.

가진 자들의 머릿속에는 노동자들에게 더 많은 노동을 전가하는 계획밖에 들어 있지 않다.

In the minds of the haves, there exists nothing but plans to impose more labor on the workers.

The idea that poverty is
a sin is only possible
in the animal kingdom,
where logic dictates that
if you don't succeed
in hunting, you die.

가난을 죄로 여기는 사상은 사냥에 성공하지 못하면
그대로 죽는다는 논리가 지배하는 동물의 세계에서나 가능한 발상이다.

우리의 거의 모든 슬픔은 다른 사람과의 관계에서 비롯된다.

Almost all of our sorrows spring out of our relations with other people.

우리는 우리가 가진 것에 대해서는 거의 생각하지 않고 항상 부족한 것에 대해서만 생각한다.

We seldom think of what we have but always of what we lack.

보통 사람들은 시간을 어떻게 '쓸까'만 생각하지만,
재능 있는 사람은 시간을 '사용'하려고 노력한다.

Ordinary people merely think how they shall spend their time; a man of talent tries to use it.

모든 진실은 세 단계를 거친다. 첫째, 조롱을 받는다.
둘째, 격렬한 반대를 받는다. 셋째, 자명한 것으로 받아들여진다.

All truth passes through three stages. First, it is ridiculed. Second, it is violently opposed. Third, it is accepted as being self-evident.

대부분 우리에게 사물의 가치에 대해 가르쳐 주는 것은 상실이다.

Mostly it is loss which teaches us about the worth of things.

If we suspect that a man is
lying, we should pretend to
believe him; for then
he becomes bold and
assured, lies more
vigorously,
and is unmasked.

어떤 사람이 거짓말을 하고 있다고 의심되면
그를 믿는 척해야 한다. 그러면 그는 대담하고
확신에 차서 더 대담하게 거짓말을
하게 되어 가면이 벗겨지기 때문이다.

사람은 혼자 있는 동안에만 자신이 될 수 있다.

A MAN CAN BE HIMSELF ONLY SO LONG AS HE IS ALONE.

흔치 않은 것을 말할 때는 흔한 단어를 사용해야 한다.

One should use common words to say uncommon things.

2

고통과 권태

Pain and boredom

삶은 고통스러운 것이다.

Life
is
suffering.

삶은 진자처럼 고통과 권태 사이를 왔다 갔다 한다.

Life swings
like a pendulum
backward and forward
between
pain and boredom.

인간의 모든 고뇌와 고통을 지옥으로 보낸 천국에는 무료함만이 남는다.

In Heaven, where man has sent all his anguish and suffering to Hell, there is nothing but boredom.

필요는 하류층의 지속적인 고통이며, 지루함은 상류층의 고통이다.

Necessity is the constant scourge of the lower classes, ennui of the higher ones.

Poor people do not feel
anguish over the vast
wealth of the rich,
but the wealthy,
even though they may
already possess much,
cannot find solace
if their will has turned
to ash.

가난한 사람들은 부자들의 거대한 부에 괴로움을 느끼지 않지만,

부자들은 자신의 의지가 수포로 돌아가면

이미 많은 것을 소유하고 있어도 그것으로 위로받지 못한다.

모든 의욕은 욕구, 결핍 또는 고뇌에서 생긴다. 이 욕구는 충족되면 끝난다.

All motivation arises from a need, a deficiency or distress. This need ends when it is fulfilled.

누구나 내일이 절대 오지 않길 적어도 한 번 이상은 원했다.

We've all wished tomorrow would never come at least once.

운명은 잔인하고, 인간들은 어리석다.

Fate is cruel, and men are foolish.

우리의 현실적이고 실제적인 생활은 열정에 따라 움직이지 않으면 지루하고 건조하다.
하지만 열정에만 의지해 움직이면 곧 고통스러워진다.

Our real, practical lives are
boring and dry if
we are not driven by passion.
But if we are driven by
passion alone, they soon
becomes painful.

부는 마치 바닷물과도 같아서 마시면 마실수록 갈증에 시달린다.
이는 명성도 마찬가지다.

Wealth is like sea water; the more we drink, the thirstier we become, and the same is true of fame.

삶의 고통에서 벗어났다는 사실이 노년에는 위로가 된다.

It is comforting in old age to know that you have escaped the pain of life.

우리가 가지고 있는 생각의 서랍에서 하나를 열 때는 다른 것들은 모두 닫아 두어야만 한다.

When we open one in our drawers of ideas, we have to keep all the others closed.

아무리 갑작스러운 일이 일어나더라도
너무 크게 기뻐하거나 또 너무 크게 슬퍼해서도 안 된다.

No matter how suddenly something happens, you shouldn't rejoice too much or grieve too much.

매일 저녁 우리는 하루치만큼 더 가난해진다.

Every evening, we are poorer by a day's worth.

일반적으로, 불행은 예외가 아닌 규칙이다.

In general, misery is the rule, not the exception.

As I watch the few
who have escaped this
misery struggle with the
new misery of boredom,
I can think of no greater
calamity than the fact that
we are born into this
miserable reality.

그나마 이 아픔에서 탈출한 몇 사람들마저
권태라는 새로운 아픔으로 몸부림치고 있는 것을 지켜보노라면,
이 비참한 현실에서 인간으로 태어났다는
사실보다 더 큰 재앙은 없다는 생각밖에 들지 않는다.

인생에서 많은 불행을 겪을 때 가장 효과적인 위로는
우리보다 더 불행한 사람들을 바라보는 것이다.

The most effective consolation when experiencing much unhappiness in life is to look at those who are unhappier than us.

고통은 적극적인 성격을 가지고 있는 반면, 쾌락과 행복은 소극적인 성격을 가지고 있다.

Pain has an active nature while pleasure and happiness have a passive nature.

희망은 우리에게 희망을 주었는가? 아니다. 단지 우리를 속여 왔을 뿐이다.

DID HOPE REALLY GIVE US HOPE? NO, IT MERELY DECEIVED US.

Our lives are hunted by
time. Our lives are prisoners
in the prison of time.
The jailer watches over us
from outside the bars
with whips and sticks.
The jailer's identity is
boredom.

우리의 삶은 시간에 쫓겨다니는 사냥감이다.
우리의 삶은 시간이라는 감옥에 갇힌 죄수다.
간수는 채찍과 몽둥이를 들고
창살 밖에서 우리를 감시한다.
간수의 정체는 바로 권태다.

많은 것을 가질수록, 나는 많은 의무로 괴로움을 겪어야 한다.

The more I have, the more I must suffer from many duties.

당신의 오늘이 행복했다면 내일은 오늘의 행복이 기억나지 않을 것이다.
어제의 행복으로 오늘을 만족하는 인간은 없기 때문이다.

If you were happy today, tomorrow you will not remember today's happiness. Because no human being is satisfied today with yesterday's happiness.

Peace and rest are the enemies of the will to live. Remember that when your life is at peace and rest, your life is subject to the will of the breeder.

평안과 안식은 그대에게서 삶의 의지를 빼앗는 적이다. 그대의 삶이 평안
과 안식을 누리게 되었을 때 그대의 삶은 사육자의 의지를 따르게 된다
는 것을 명심하라.

내 안에는 악마가 숨어 있다. 이 악마는 내가 느끼는 현재의 감정과 기분이
최선이라고 말한다. 이것이 너에게 허락된 유일한 안식이라고 나를 세뇌시킨다.

There is a demon lurking inside
me. It tells me
that my current emotions and
moods are best.
It brainwashes me that
this is the only rest
you are allowed.

아픔을 모르는 기쁨은 존재하지 않는다. 아픔을 통해 배우지 않은 모든 것은 거짓이다.

There is no joy
without knowing pain.
Everything that is not
learned through
pain is false.

아름다움은 상처 입은 가슴만이 발견할 수 있다.

BEAUTY CAN ONLY BE FOUND IN A BROKEN HEART.

084

No matter what we do, there are only two kinds of life. Either we suffer from boredom, or we suffer from pain.

인간이 무슨 짓을 해도, 삶은 두 종류뿐이다.

권태에 시달리든지, 고통에 시달리는 것이다.

권태도 계속되면 고통이 되고, 잦은 고통도 시간이 지나면 무감각한 권태가 된다.

Continued boredom becomes suffering, and frequent suffering becomes numbing boredom over time.

즐거움은 우리가 기대하는 것만큼 즐겁지 않고, 고통은 항상 더 고통스럽다.

Pleasure is never as pleasant as we expected it to be, and pain is always more painful.

The pain in the world always outweighs the pleasure.
If you don't believe it, compare the respective feelings of two animals, one of which is eating the other.

세상의 고통은 항상 쾌락보다 더 크다.
믿기지 않는다면, 한 마리가 다른 한 마리를 잡아먹는
두 동물의 각각의 감정을 비교해 보라.

3

행복에 대해

Happiness

내면이 풍요로워질수록, 공허가 채울 공간이 줄어든다.

The more we enrich our minds, the less room there is for inner emptiness.

타고난 기질과 성격은 변하지 않으며 우리의 행복과 불행에 계속 영향을 미친다.

Our natural temperament
and personality are immutable
and have a lasting impact
on our happiness
and unhappiness.

분별을 할 줄 알고 솔직해진다면, 인생을 다시 한 번 되풀이하기를 바라기보다
완전히 존재하지 않기를 선택할지 모른다.

If we are discerning and honest, we might choose nonexistence over reliving life once again.

The scenes of our lives are like a rough mosaic. You can't really make it out when you're up close, and you can only appreciate its beauty from a distance.

우리 인생의 모습들은 거친 모자이크 같다. 가까이서 보면 제대로 알아보기 힘들고, 멀리서 봐야 그 아름다움을 알 수 있다.

행복의 본 모습을 보기 위해서는, 어떤 것에 즐거워하는지가 아니라
어떤 일에서 고통을 느끼는지를 봐야 한다.

To find out what makes
you happy, you need
to look at what makes
you suffer, not what
makes you happy.

우리의 행복은 주머니에 무엇이 들어 있냐 하는 것보다는
머릿속에 무엇이 들어 있냐 하는 것에 달려 있다.

Our happiness depends less on what's in our pockets and more on what's in our heads.

우리의 행복과 우리의 즐거움에는 주관적인 면이 객관적인 것보다
근본적으로 비교할 수 없을 정도로 더 중요하다.

The subjective is fundamentally and incomparably more important to our happiness and our enjoyment than the objective.

건강한 거지가 병든 왕보다 행복하다.

A HEALTHY BEGGAR IS HAPPIER THAN A SICK KING.

우리를 가장 직접적으로 행복하게 해 주는 것은 '밝은 영혼'이다.

It is the 'cheerful spirits' that most directly make us happy.

행복한 사람은 그런 이유가 꼭 있다.

Happy people are always happy for a reason.

건강이 있으면 모든 것이 즐거움의 원천이 되지만, 건강이 없으면 그것이 무엇이든
아무것도 즐겁지 않다. 건강은 인간의 행복에 있어서 가장 중요한 요소이다.

With health, everything is
a source of pleasure;
without it, nothing else,
whatever it may be, is enjoyable.
Health is by far the most important
element in human happiness.

현명한 사람은 재앙을 피한다.

A wise man avoids disaster.

우리는 삶에 수많은 요구를 하면서 행복을 넓은 범위 위로 두지 않도록 주의를 기울여야 한다.

We must be careful not to place happiness on a broad spectrum while making countless demands on life.

어떤 범위의 한계든 행복을 만든다.

Any range of limits creates happiness.

시냇물은 장애물을 만나지 않는 한 소용돌이를 일으키지 않는다.

A stream doesn't create a whirlpool unless it encounters an obstacle.

If you want to climb a mountain, you can't push others, nor should you push yourself beyond your abilities. You have to keep your eyes on the summit and quietly take each step. It's a very ordinary way, but it's the best way to conquer a mountain.

산에 오르고 싶다면 남을 떠밀어서도 안 되고,

자기 능력이상으로 무리해서도 안 된다.

정상을 바라보며 한눈팔지 말고 묵묵히 걸음을 옮겨야 한다.

너무나 평범한 방법이지만,

이것이 산을 무사히 정복하는 최고의 방법이다.

一一三

인생에서 가장 큰 고난은 우리가 그것을 위해 노력하지 않았다는 데 있다.

The greatest hardship in life is that we didn't work for it.

만약 천국이 있고, 구원받은 자들이 천국에 간다면
그들은 수년 내에 새로운 천국을 만들어 달라고 신께 기도할 것이다.

If there is a heaven, and the saved are admitted to it, they will pray to God for the creation of a new heaven within a few years.

Happiness is
not achieved through
means. It is akin to a sip of
water obtained by chance
in the middle of a journey
when one is exerting
one's will towards a goal.

행복은 수단을 통해 달성되지 않는다.

어떤 목표를 향해 의지의 실천을 했을 때

길의 중간에서 우연하게 얻은 물 한 모금 같은 것이다.

그대의 오늘은 최악이었다. 내일은 오늘보다 더 나쁠지도 모른다.

Your today was the worst. Tomorrow might be even worse than today.

삶의 지혜를 구하고 싶다면, 먼저 욕심을 버려야 한다.
향락과 풍요와 건강을 탐하기보다는 차라리 덜 고통스러워지기를 소망해야 한다.

If you seek wisdom in life,
you must first let go of greed.
Rather than pursuing pleasure,
abundance, and health,
it is better to wish for
less suffering.

117

인생은 속고 속이는 현상의 반복이다. 삶은 삶을 속이고, 삶은 삶에 속는다.

Life is a cycle of fooling and being fooled.
Life deceives life, and life is deceived by life.

자신의 내면에서 행복을 찾는 것은 어렵지만, 다른 곳에서 행복을 찾는 것은 불가능하다.

It is difficult to find happiness within oneself, but it is impossible to find it anywhere else.

인생이 당신에게 축복으로 남기를 소망한다면, 당신이 먼저 인생을 사랑해야 한다.
아파하고 싶지 않다면 아픔과 친해져야 한다.

If you wish
life to bless you,
you must first love life.
If you do not want to
suffer, you must
make friends
with pain.

There is one way to turn the place we live into heaven: by desiring nothing. It means not only for myself but also not demanding anything from others.

우리가 살고 있는 이곳을 천국으로 만드는 방법이 하나 있다.

아무것도 욕심내지 않는 것이다. 나 자신은 물론이고

다른 사람에게도 뭔가를 요구하지 않는 것이다.

비참해지지 않는 가장 안전한 방법은 큰 행복을 기대하지 않는 것이다.

The safest way not to be very miserable is not to expect to be very happy.

고통을 피하기 위해 쾌락을 희생하는 것은 분명 이득이다.

It is a clear gain to sacrifice pleasure in order to avoid pain.

내가 청년들에게 해 줄 수 있는 조언은 뭔가를 얻기보다는
뭔가를 제거하는 쪽으로 방향을 잡으라는 것이다.

126

The advice I can give
young people is to
orientate themselves
toward removing
something rather than
gaining something.

희망은 어떤 것에 대한 욕망과 그 확률을 혼동하는 것이다.

Hope is the confusion of the desire for a thing with its probability.

128

Through thinking,
humans become humane,
and when thinking is
taken as the essence
of life, humans become
most humane. Therefore,
happiness is thinking.

사유를 통해 인간은 인간다워지고, 사유를 인생의 본질로 삼았을 때
인간은 가장 인간다워진다. 따라서 행복은 사유다.

4

스스로 단단해지기

Being yourself

마른 씨앗은 3,000년 동안이나 생명력을 간직하다가,
마침내 유리한 환경이 되면 식물로 성장한다.

Dry seeds retain their vitality for as long as 3,000 years and finally grow into plants when the conditions are favorable.

당신은 다른 사람들을 '우리'가 아니라 '그들'로 생각하는 데 익숙해질 것이다.

You'll get used to thinking of others as 'them' instead of 'us.'

What you eat becomes your body, and what you read becomes your mind, with both forming who you are now.

먹은 것이 육체가 되고 읽은 것이 정신이 되어

현재의 자신을 만든다.

책을 많이 읽는 사람은 남의 음식을 먹고 남의 옷을 입는 사람에 지나지 않는다.

A person who reads
a lot of books is nothing
more than a person
who eats other people's
food and wears other
people's clothes.

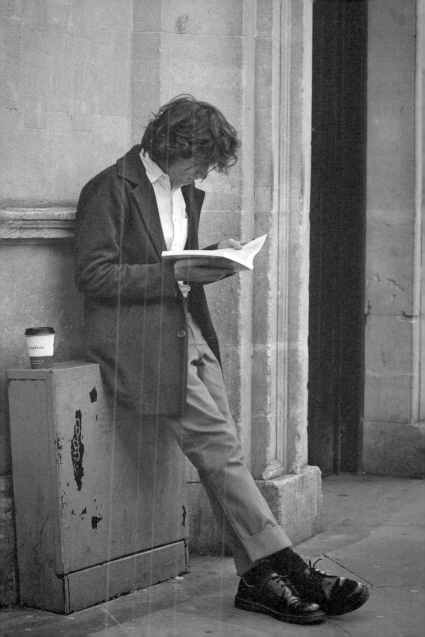

독서란 자기 스스로 생각하지 않고 다른 사람이 대신 생각하도록 하는 것이다.

Reading is letting someone else think for you instead of thinking for yourself.

허영심이 들면 말을 많이 하고, 자긍심이 들면 과묵해진다.

Vanity makes you talk a lot; pride makes you reticent.

영감이 넘치는 사람은 완전한 고독 속에 있더라도
자기 생각과 상상에서 즐거움을 얻을 수 있다.

A spiritual person can find joy in his own thoughts and imagination even in complete solitude.

행복에 있어 가장 우선적이고 본질적인 것은 바로 우리 그 자체를 보여 주는 인격이다.

The first and most essential thing to happiness is our very own personality that shows our true selves.

The belief that it doesn't matter if you don't put your heart into something, as long as it's trivial, is a self-distorting force. Your actions may be trivial, but your heart is noble. The Buddha put his heart into the act of cooking rice.

사소한 것이라면 마음을 쏟지 않아도 상관없다는 믿음은 자신을 왜곡하는 원동력이다. 비록 하찮은 행동이라도 그 마음만큼은 존귀하다. 부처는 하다못해 밥을 지을 때도 정성을 다 쏟았다.

우리가 할 수 있는 유일한 일은 주어진 인격을 가능한 한 이롭게 이용하는 것이다.

The only thing we can do is to make the best possible use of the personality given to us.

행복에 있어서 가장 중요한 것은 자신안에 있다.

The most crucial aspect of happiness lies within oneself.

각각의 인간은 자신이 도달할 가능성이 있는 자신만의 지평선을 가지고 있다.

Each person has his own horizon that he is likely to reach.

현재만이 진실된 것이고 실재하는 것이다.

ONLY THE PRESENT IS TRUE AND REAL.

One reason people become social is that they lack the ability to cope with loneliness and their own solitude.

사람들을 사교적으로 만드는 것은

고독과 고독한 자신을 견딜 능력의 부재이다.

외로움은 뛰어난 정신을 지닌 영혼들의 운명이다.

Loneliness is the fate of souls of great spirit.

In addition to
the many benefits
of solitude,
there are some
small drawbacks and
challenges,
but they are only
a small part of it.

고독에는 많은 장점 외에도
작은 단점과 어려움이 있지만,
그것들은 극히 일부분에 불과하다.

다른 사람들이 어떤 이야기를 하든, 언제나 칭찬을 받을 만한 관용을 익힐 수 있는
가장 확실한 방법은 무관심한 태도를 확고하게 실천하는 것이다.

No matter what others say, the surest way to develop a tolerance that is always praiseworthy is to firmly practice indifference.

질투는 인간의 자연스러운 감정이지만, 동시에 악덕이자 불행이기도 하다.

Jealousy is a natural human emotion, but it's also a vice and misfortune.

어떤 계획을 실천에 옮기기 전에, 충분히 반복해서 생각해야 한다.

Before putting any plan into action, it's important to think it over thoroughly through repeated consideration.

In all matters of happiness or unhappiness, the imagination must be restrained. Above all, you should not build castles in the air.

행복이나 불행에 대한 모든 것에는 상상력을 억제해야만 한다.

무엇보다 공중누각을 지어서는 안 된다.

나는 그들을 바꾸지 않을 것이고, 나는 그렇게 그들을 이용할 것이다.

I'm not going to change them, and that's how I'm going to use them.

다수는 숫자상의 다수일 뿐이며, 다수라는 사실이 그들을 정의로 만들어 주지 않는다.

A majority is only a numerical majority, and the fact that they are a majority does not make them justice.

규칙성이 없는 위대한 삶은 없다.

There is no great life without regularity.

우울의 망령에 완전히 정복당하고 나면, 사람의 영혼엔 오직 분노만이 남게 된다.

Once completely conquered by the specter of depression, only anger remains in the human soul.

You can't live
your whole life as the
person everyone else
wants you to be.
All unhappiness begins
when you start aligning
yourself with other
people's standards.

사람들이 원하는 나로 평생을 살 수는 없다.

사람들의 눈높이에 나를 맞추려는 데서 모든 불행이 시작된다.

높은 수준의 지성은 사람을 비사회적으로 만드는 경향이 있다.

A high degree of intellect tends to make a man unsocial.

위대한 사람은 독수리와 같아서, 높은 고독 위에 둥지를 짓는다.

Great men are like eagles and build their nests on some lofty solitude.

변화만이 영원하고 영속적이며 불멸의 것이다.

CHANGE ALONE IS ETERNAL, PERPETUAL, IMMORTAL.

현명할수록 명성과 자존심이 얼마나 가벼운 것인지를 안다.

The wise know how light honor and dignity are.

사람은 혼자 있는 한 자신일 수 있으며, 고독을 사랑하지 않는다면
자유를 사랑하지 않을 것이다. 왜냐하면 혼자 있을 때만 진정으로 자유롭기 때문이다.

A man can be
himself only so long as
he is alone; and if he does
not love solitude,
he will not love freedom;
for it is only
when he is alone
that he is really free.

5

삶과 죽음에 대해

Life and Death

나는 이제 여정의 목적지에 지친 상태로 서 있다.
지쳐서 내 머리는 월계관을 쓰고 있기도 힘이 든다.

I now stand exhausted at the destination of my journey. Exhausted, my head is too tired to wear a laurel wreath.

인생이 얼마나 짧은지 알려면 오래 사는 수밖에 없다.

You have to live long to realize how short life is.

The rise and fall across
the space between Heaven
and Earth cannot withstand
the whims of time.
Time, like a great furnace
that melts all things,
melts our lives little by little
and pours them
into the nameless Earth.

천지간에 흥망은 시간의 장난질을 감당하지 못한다.
세월은 모든 것을 녹이는 거대한 용광로처럼
우리의 삶을 조금씩 녹여 이름 없는 대지에 부어버린다.

삶은 죽음을 미루는 것일 뿐이다.

Life is just postponing death.

내일은 다시는 찾아오지 않을 또 다른 하루에 불과하다.

Tomorrow is just another day that will never come again.

젊은 시절에는 인간 세계에서 버림받았다는 느낌을 받지만,
나이가 들어서는 인간 세계를 탈출한 느낌을 받는다.

When you're young,
you feel abandoned by
the human world,
but when you're older,
you feel like
you've escaped it.

182

From a young person's
perspective, life is
an infinitely long future,
but from the perspective
of an elderly person,
it's a very brief past.

젊은이 관점에서 보면 인생이란 무한히 긴 미래이지만,
나이가 든 사람의 관점에서는 인생은 아주 짧은 과거이다.

나이가 들수록, 시간이 지나도 선명하게 떠올릴 만큼 의미 있게 여겨지는 사건은 더 적어진다.

The older we get,
the fewer events
are considered
meaningful enough to
be remembered vividly
over time.

우리 인생의 첫 40년은 본문을 제공하고, 그 다음 30년은 그것에 대한 주석을 제공한다.

THE FIRST FORTY YEARS OF OUR LIVES PROVIDE THE TEXT, AND THE NEXT THIRTY YEARS OFFER THE COMMENTARY.

청년기는 고난의 시기이고, 노년기는 휴식의 시기이다.

Youth is a time of hardship, and old age is a time of rest.

Death is the public declaration of the end of an entity, but within this individual is the bud of a new existence.

죽음은 개체의 종말을 공개적으로 선언하는 것이지만,

이 개인 안에는 새로운 존재의 싹이 들어 있다.

한 번 존재했던 것은 더 이상 존재하지 않는다.

What once existed no longer does.

인간은 인생의 마지막에 이르러서야 자신이 한평생 일시적인 삶을 살아왔음을 알게 된다.

Only at the end of life do we realize that we have been living a transient life all our lives.

In a life of uncertainty, nothing is more certain than death. There is no clearer premise than the fact that death comes to all of us.

불명확한 인생에서 죽음보다 확실한 사실은 없다.
우리 모두에게 죽음이 찾아온다는 사실보다 더 명확한 전제는 없다.

우리는 항상 죽음을 떠올려야 한다. 그것이 우리에게 삶이 허락된 이유임을 깨달아야 한다.
우리는 죽기 위해 태어난 자들이다.

We should always be
reminded of death.
We must realize that
it is the reason we were
given life.
We are born to die.

삶은 끊임없이 죽어 가는 과정이다.

LIFE IS A CONSTANT PROCESS OF DYING.

가진 자에게도, 다스리는 자에게도 인생은 미궁이며, 오래 사는 것은 징계다.
이것은 삶이 우리에게 유일하게 안겨 주는 공평함이다.

For both the rich
and the rulers,
life is like a labyrinth,
and longevity is a discipline;
that is the only fairness
that life grants us.

인간이 오래 사는 것은 광활한 밤하늘에 떠 있는 작은 별같다.
그 별에 이름을 붙이는 사람도 없고, 특별히 기억하려는 사람도 없다.

Human longevity is like a small star floating in the vast night sky. There is no one to name that star, nor anyone particularly eager to remember it.

인간은 언젠가 늙고 병든다. 오늘의 성공은 내일의 당신과 함께 해 주지 않는다.

We all get old and sick someday. Today's success will not be with you tomorrow.

The most pathetic time in life is

when you dimly realize

that the day is not far off when

you will lie in a coffin,

when you feel that you have

wasted a lifetime in pursuit of vain

desires, and when you silently wish

that you had one more chance.

인생에서 가장 애처로운 시간은 훗날 관 속에 누울 날이
멀지 않았다는 것을 어렴풋이 깨닫게 되었을 때,
일생을 헛된 욕망을 좇느라 허비했다는 것을
느끼고는 한 번 더 시간이 주어지기를
가만히 소망해 보는 때다.

인생은 짧고 진실은 오래간다: 진실을 말하자.

Life is short, and truth works far and lives long; let us speak the truth.

동물은 죽을 때 처음으로 죽음에 대해 듣는다.

Animals hear about death for the first time when they die.

The reason
we are greedier
in our old age than
we were in our youth is
because we feel that
we have lost time and
that we are running
out of life.

사람이 나이가 들어 젊은 시절보다 욕심을 가지는 것은 시간을 소진하고
생명이라는 것이 얼마 남지 남았다는 불안감 때문이다.

사람을 자살로 이끄는 절망도 따지고 보면 찰나에 주어진 통증 같은 것이다.

The despair
that drives people
to suicide is also
a kind of pain
that is given
in the moment.

A few minutes of
not breathing is enough
for you to die.
Death is such an
insignificant phenomenon.
Isn't it funny that you can
die for just this reason?

단 몇 분간만 숨을 쉬지 못해도 당신은 죽는다. 죽음은 그렇게 하찮다.

고작 이런 이유로 죽을 수 있다는 것이 우습지 않은가?

오늘과 같은 내일이 다시 찾아오리라고 생각하지 마라.

DO NOT EXPECT TOMORROW TO BE THE SAME AS TODAY.

우리의 삶과 죽음은 이 거대한 자연에 아무런 영향도 미치지 못한다.
자연이 우리의 죽음에 상심하는 법은 없다. 우리의 죽음마저도 자연의 일부이기 때문이다.

Our lives and deaths
have no effect on this
vastness of nature.
Nature is not heartbroken
by our deaths.
Even our deaths are
part of nature.

죽는다는 것은 모든 생명이 왔던 곳으로 가는 것이다.

To die is to go to the place from which all life came.

시간에 이자를 빚지지 않도록 주의해야만 한다.

You have to be careful not to owe interest on your time.

고통은 인간을 포함한 모든 생명체가 필수적으로 겪어야 한다.
절대로 사라질 리 없는 유일한 길이다. 그 끝에 죽음이 있다.

Pain is an essential
process that all living beings,
including humans,
must endure.
It is the only path
that will never disappear.
At its end lies death.

오늘을 견뎌내는 쇼펜하우어의 영어 문장:

Life is suffering

초판 1쇄 발행	2024년 5월 1일
지은이	길벗이지톡 어학연구소
발행인	이종원
발행처	(주)도서출판 길벗
브랜드	길벗이지톡
출판사 등록일	1990년 12월 24일
주소	서울시 마포구 월드컵로 10길 56(서교동)
대표 전화	02)332-0931
팩스	02)323-0586
홈페이지	www.gilbut.co.kr
이메일	eztok@gilbut.co.kr
기획 및 책임편집	고경환
디자인	강은경
제작	이준호, 손일순, 이진혁, 김우식
마케팅	이수미, 장봉석, 최소영
영업관리	김명자, 심선숙
독자지원	윤정아
녹음 및 편집	와이알미디어
인쇄	영림인쇄
제본	영림제본

ISBN 979-11-407-0916-8 03740 (길벗 도서번호 301187)
가격: 17,000원